Table des matières

Le judo est un sport physique, mais c'est également un art pacifique. En japonais, le mot « judo » signifie littéralement « voie de la souplesse ».

Qu'est-ce que le judo ? 柔道

Le judo est un art martial, ou un style de **combat**, qui peut être utilisé comme méthode d'autodéfense. C'est aussi un sport olympique. Les personnes qui pratiquent le judo sont appelées des « judokas ». Grâce à l'entraînement et à la **discipline**, les judokas apprennent à se défendre. Ils apprennent à retourner les mouvements et la force de leurs **adversaires** contre ceux-ci. Les judokas acquièrent aussi le respect. De vrais judokas ne font jamais usage de leurs habiletés pour attaquer, ils s'en servent uniquement pour se défendre.

Un art martial pour tous

Le judo est né au Japon en 1882. Il fut créé par le maître Jigoro Kano, qu'on voit ici à gauche. Kano pratiquait le jiu-jitsu, un art martial combatif utilisé par les **samouraïs**. Rapidement, Kano se mit à élaborer son propre art martial. Son but : créer un art martial qui puisse être utilisé par tous, peu importe leur taille ou leur force. Il remplaça les coups de pied et coups de poing du jiu-jitsu par des **techniques** plus sécuritaires de projection et de chute (*waza*). Kano mit sur pied une école de judo appelée Kodokan. Le judo était né.

*Le judo est devenu populaire le jour où un chef de police de Tokyo mit maître Kano et ses disciples au défi de se battre contre des élèves de jiu-jitsu. Les disciples de Kano remportèrent la **compétition**. Plusieurs personnes adhérèrent alors à l'école Kodokan.*

Les principes du judo

Les judokas apprennent les deux principes du judo : *jita-kyoei* et *seiryoku-zenyo*. « Jita-kyoei » désigne l'entraide et la prospérité de tous, incluant celles des adversaires. « Seiryoku-zenyo » renvoie à la meilleure utilisation possible de l'énergie dans la pratique du judo.

Connu dans le monde entier

Il existe un seul style de judo, le judo Kodokan, basé sur les premiers enseignements de Kano. Le judo est officiellement devenu un sport olympique pour les hommes en 1964 et pour les femmes en 1992. Aujourd'hui, le judo est pratiqué par des gens partout dans le monde ; il est considéré comme un sport, une façon de faire de l'exercice et une technique d'autodéfense.

Glossaire de mots japonais

Tu trouveras dans ce livre de nombreux mots japonais couramment utilisés dans l'univers du judo. Ce glossaire te donne la signification de certains des mots qui apparaissent souvent dans le livre.

dojo Salle d'entraînement où ont lieu les cours de judo

judogi Uniforme de judo

judoka Personne qui pratique le judo

randori Session d'entraînement de judo

sensei Instructeur de judo, ou « maître »

tatami Tapis qui couvre le sol d'un dojo

tori Personne qui exécute une technique de judo

uke Personne qui subit une technique de judo

Les judokas s'entraînent de façon intensive plusieurs fois par semaine.

Dans le dojo

Les cours de judo ont lieu dans une vaste salle d'entraînement appelée « dojo ». En japonais, le mot « dojo » signifie « école ». Dans le dojo, les judokas apprennent des mouvements et des techniques qu'ils mettent en pratique. Un entraînement est appelé « *randori* ». Le *randori* se tient sous la supervision d'un *sensei*, l'instructeur de judo responsable du dojo. Les judokas écoutent et respectent le *sensei*.

Le plancher du dojo est habituellement en bois. Il est couvert de tatamis, ou tapis, qui permettent d'amortir les chutes des judokas.

Sois poli !

Le judo possède une étiquette, c'est-à-dire un code de comportements acceptables. Tous les judokas doivent bien se comporter dans le dojo. Voici quelques éléments de l'étiquette du judo.

- Respecte toujours ton *sensei* et les judokas plus avancés.
- Retire toujours tes chaussures avant d'entrer dans le dojo.
- Enlève tout bijou ou objet pointu qui pourrait te blesser ou blesser les autres.
- Tu ne dois pas parler pendant un entraînement de judo, à moins que le *sensei* t'adresse la parole.
- Sois attentif envers les autres judokas. Blesser un camarade par imprudence ou méchanceté ne cadre pas avec la philosophie du judo !

Témoigner du respect

Salue toujours le *sensei* et le Kano Shihan avant d'entrer dans le dojo ou d'en sortir. Kano Shihan est le titre de Jigoro Kano en tant que fondateur du judo. Son portrait est affiché dans la plupart des dojos. En les saluant, tu exprimes ton respect envers le fondateur, envers ton *sensei* et envers les **coutumes** du judo. Il existe deux types de saluts: les saluts à genoux et les saluts debout.

1. Pour faire un salut à genoux (zarei), agenouille-toi et colle tes orteils les uns contre les autres. Place les mains sur la partie supérieure de tes cuisses, les doigts vers l'intérieur.

2. Penche-toi vers l'avant au niveau de la taille. Dépose les paumes des mains sur le sol devant tes genoux, les doigts vers l'intérieur.

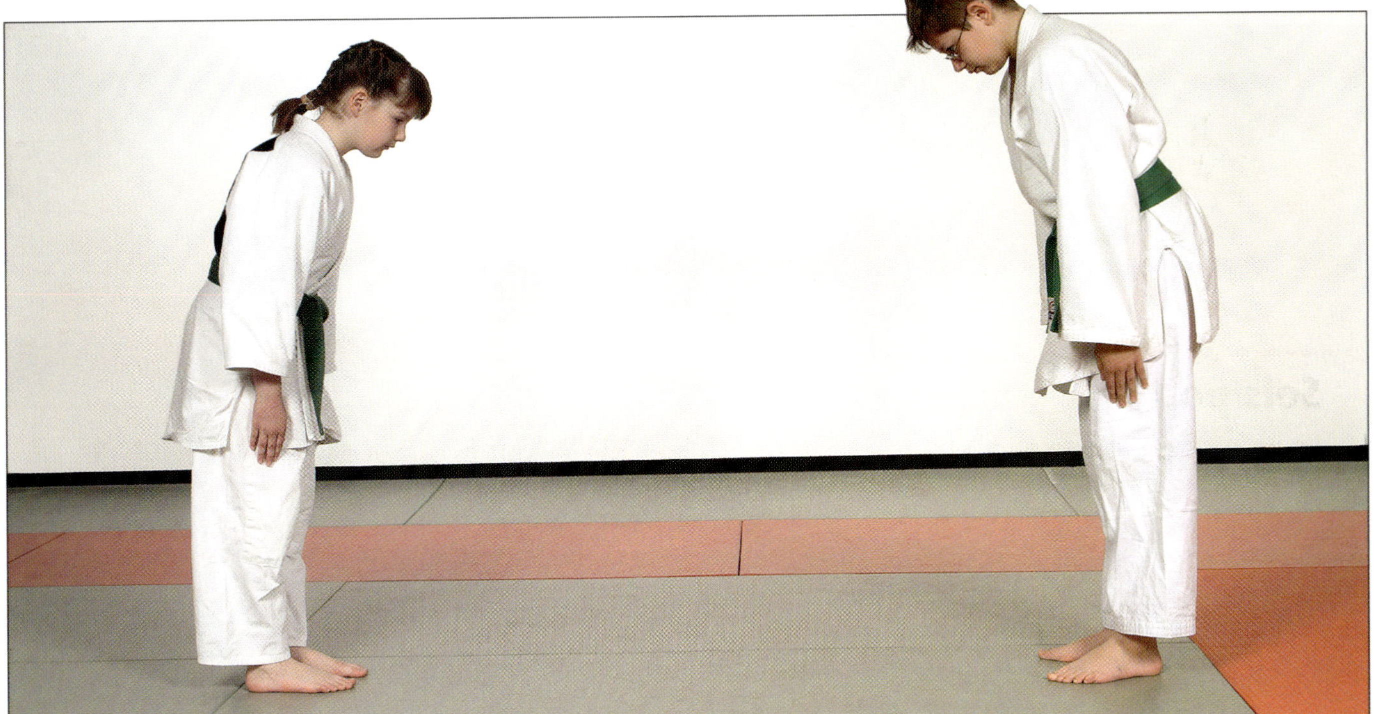

Pour exécuter un salut debout (ritsurei), tiens-toi debout, les talons joints, et incline-toi vers l'avant à partir de la taille. Les bras sont tendus et les doigts reposent sur le haut des cuisses. C'est ainsi que les judokas saluent leurs adversaires.

L'équipement 柔道

Le haut à manches longues du judogi ressemble à une veste. Il est attaché avec une ceinture.

La pièce d'équipement la plus importante du judoka est son uniforme, appelé «judogi».

Le pantalon et le haut, faits de coton, sont amples. Le judogi est habituellement blanc, mais certains sont bleus.

Il semble léger, mais il est solide et résistant. Il est conçu pour supporter les entraînements et les compétitions. Un judoka doit toujours garder son judogi propre.

Reste au frais

Souviens-toi de boire souvent quelques gorgées d'eau au cours de ton entraînement de judo. Boire de l'eau permet d'**hydrater** le corps et de conserver son énergie.

Des ceintures de multiples couleurs

Les ceintures de couleur portées par les judokas révèlent le grade, ou niveau, de chacun. Les judokas portent d'abord la ceinture blanche, puis passent progressivement aux ceintures jaune, orange, verte, bleue, marron ou violette, et noire. Les judokas doivent avoir au moins dix ans pour subir l'examen menant à l'obtention de la ceinture verte, et au moins douze ans pour celui de la ceinture marron ou violette.

ceinture blanche

ceinture noire

Les ceintures noires

Les ceintures noires sont appelées « dans ». Ce sont les ceintures les plus avancées que peuvent obtenir les judokas. Il existe dix niveaux de ceintures noires. Les judokas ne peuvent tenter d'atteindre le premier niveau de ceinture noire avant l'âge de quinze ans.

ceinture jaune

ceinture orange

ceinture verte

ceinture bleue

ceinture marron ou violette

Les ceintures rayées

Les ceintures portées par les judokas sont habituellement unies. Toutefois, certaines judokas portent une ceinture ornée d'une rayure blanche. Cette tradition a pris naissance à l'école Kodokan.

Les compétitrices portaient des ceintures rayées pour se démarquer des compétiteurs de sexe masculin. Aujourd'hui, elles sont de plus en plus nombreuses à porter des ceintures unies.

L'échauffement 柔道

Pour bien exécuter les mouvements du judo, ton corps doit être **flexible**. Au début de chaque cours, le *sensei* propose des étirements pour augmenter ta flexibilité, permettant ainsi d'éviter des blessures. Les étirements échauffent les muscles et stimulent le cœur. Essaie les étirements proposés ici pour t'échauffer.

Étire-toi le plus loin possible, mais arrête avant de ressentir la douleur. Avec le temps, tu verras que tu peux t'étirer de plus en plus loin. Après avoir étiré tes muscles, tu peux travailler à les renforcer. Fais les exercices de musculation présentés à la page suivante. Ils t'aideront à augmenter ta force musculaire.

L'étirement des mollets

Les jambes écartées à la largeur des épaules, fais un grand pas en avant avec un pied, l'autre pied demeurant bien à plat au sol. Plie le genou jusqu'à ce qu'il soit directement au-dessus de ta cheville. Place les mains sur ta cuisse pour te soutenir. Le talon du pied arrière doit rester bien au sol. Penche le haut du corps vers l'avant. Tu devrais sentir un étirement dans le muscle du mollet de la jambe arrière. Reste dans cette position et compte jusqu'à dix. Étire ensuite l'autre jambe.

L'étirement en « V »

Pour exécuter cet étirement, assieds-toi au sol, les jambes formant un « V ». Fléchis les pieds pour que les orteils pointent vers le haut. Tout en gardant le bas du dos bien droit, penche-toi vers l'avant. Tu sentiras un étirement dans le bas des jambes et les fesses. Garde cette position en comptant jusqu'à dix.

Les extensions des bras

Pour faire une extension des bras, couche-toi d'abord sur le ventre. Dépose les mains à plat sur le sol sous tes épaules. En dépliant les bras, pousse ton corps vers le haut, tout en gardant le dos bien droit. Puis redescends, jusqu'à ce que ton nez se trouve à environ dix centimètres du sol. Refais le mouvement dix fois. Prends un temps de repos. Essaie de faire plusieurs **séries** d'extensions des bras, en te reposant après chacune. Si cet exercice te semble trop difficile à faire les jambes tendues, laisse les genoux au sol quand tu pousses vers le haut.

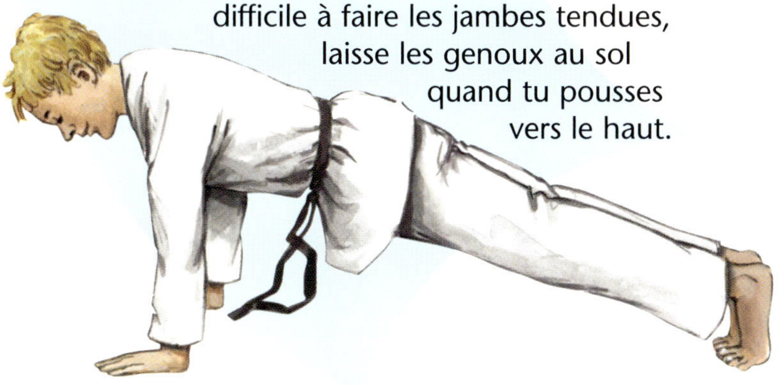

Les demi-redressements assis

Couche-toi sur le dos, les mains derrière la tête. Plie les genoux et place les pieds à plat sur le sol. En laissant le bas de ton dos collé au sol, lève lentement le haut du corps, légèrement au-dessus du sol. Puis repose tes épaules sur le sol. Refais cet exercice dix fois. Prends un temps de repos. Essaie d'effectuer plusieurs séries de demi-redressements assis, en te reposant entre chacune.

Calme-toi !

Le judo concerne l'esprit aussi bien que le corps. Pour « assouplir » ton esprit, ton *sensei* te demandera souvent de participer à une **méditation** (*mokuso*) au début et à la fin de chaque cours. Au début du cours, la méditation permet de dissiper tes pensées pour t'aider à te concentrer sur le judo. À la fin du cours, la méditation t'invite à réfléchir à tout ce que tu as appris ce jour-là. Elle donne également à ton corps la possibilité de récupérer.

Pour méditer, assieds-toi dans la posture de méditation illustrée ci-dessus. Ferme les yeux et concentre-toi sur ta respiration, en inspirant profondément.

Les bases du judo

Il existe de nombreux mouvements de judo. On les regroupe en quatre catégories : les projections, les immobilisations, les clés de bras et les étranglements. Tous ces mouvements constituent autant de moyens de maîtriser ton adversaire. Une projection envoie ton adversaire au tapis. Une immobilisation le garde au sol. Une clé de bras augmente la pression sur ton adversaire pour qu'il finisse par abandonner. Un étranglement applique une pression sur son cou. Les étranglements sont des mouvements avancés qui peuvent être exécutés uniquement par des **judokas seniors**. Ils ne seront pas donc pas présentés dans ce livre.

La posture de base

La posture de base, ou posture naturelle du judoka, te permet de passer rapidement à l'action. Pour te tenir en posture de base, tourne un pied vers le côté et place-le un peu derrière toi. Place l'autre pied légèrement devant toi, les orteils vers l'avant. Les bras pliés, les mains levées à peu près à la hauteur de la poitrine, courbe les doigts légèrement vers toi. Garde le corps bien droit.

La bonne posture

Au judo, tout est question d'équilibre : tu dois garder ton équilibre en tentant de faire en sorte que ton adversaire perde le sien. Un bon équilibre commence par une bonne posture de tout le corps, y compris les jambes, les pieds, les bras, les mains et la tête. Tu dois apprendre deux postures : la posture de base (*hon-shizentai*) et la posture défensive (*jigotai*).

La posture défensive

La posture défensive assure un bon équilibre et une protection efficace. Pour prendre la posture défensive, tiens-toi d'abord en posture de base. Écarte encore plus les jambes. Plie les genoux et penche-toi vers l'avant à partir des hanches. Tends les mains devant toi. Garde la tête bien levée.

Une histoire saisissante

Au judo, il est important de savoir comment obtenir une bonne prise (*kumikata*). La prise est la façon dont tu saisis le judogi de ton adversaire. Lorsque tu as une prise solide, tu peux placer ton corps en position pour exécuter une projection. Au début, tu devras t'entraîner à réaliser différentes prises. Tu pourras par la suite utiliser les prises au cours du *randori*.

Une prise de base

Pour exécuter une prise de base, prends la posture de base. Saisis le col (*eri*) du judogi de ton adversaire d'une main. De l'autre main, saisis sa manche (*sode*) près du coude. Garde les pieds solidement au sol. Reste détendu en respirant normalement. Rappelle-toi que ton adversaire et toi essayez tous deux d'obtenir une bonne prise sur l'autre.

Le judogi est conçu pour être saisi en divers endroits. Le col, les manches et le dessous des manches sont particulièrement robustes.

Les chutes 柔道

Tout judoka doit inévitablement tomber. Une partie de ton entraînement consiste à apprendre à tomber sans te blesser. Les chutes sécuritaires (*ukemi*) sont des chutes intentionnelles qui empêchent la tête de heurter le sol. Tu es alors en contrôle de ton corps au moment de toucher le tapis, ce qui te permet de te placer rapidement en position pour repousser ton adversaire. Il existe quatre principaux styles de chutes : les chutes avant, les chutes latérales, les chutes arrière et les chutes roulées et sautées. Tu peux commencer à t'entraîner seul à faire ces mouvements, mais assure-toi d'être sur le tatami !

La chute avant

Même si elle semble facile, la chute avant (*mae-ukemi*) est assez difficile à exécuter. Tu dois éviter de tomber sur les genoux.

Tombe vers l'avant, en tendant les bras devant toi, la paume des mains face au sol. Les paumes et les avant-bras seront les premiers à toucher le tapis. N'atterris pas sur les genoux. La tête et les hanches ne doivent pas toucher le sol.

La chute latérale

Au judo, il t'arrivera souvent d'être projeté sur le côté. Assure-toi de t'exercer à faire les chutes latérales (*yoko-ukemi*) aussi bien du côté droit que du côté gauche.

1. Pour exécuter une chute latérale à gauche, accroupis-toi et lance le bras gauche à l'extérieur et vers le haut. Pousse la jambe gauche de l'autre côté de ton corps et roule vers la gauche.

2. Au moment où ton corps touche le sol, frappe le tapis de ton bras gauche. Rentre le menton sur la poitrine pour éviter que ta tête ne heurte le tapis.

La chute arrière

La chute arrière (*ushiro-ukemi*) te permet de tomber en protégeant ton dos.

1. Tiens-toi debout, les bras levés devant toi. Plie les genoux le plus possible pour te permettre de tomber vers l'arrière. Garde le menton près de ta poitrine pendant la chute.

2. Lorsque le bas de ton dos commence à toucher le sol, frappe le tapis avec les deux mains. Ce mouvement empêchera ta tête et ton cou de heurter le sol.

La chute roulée et sautée

Une chute roulée et sautée (*zempo-kaiten-ukemi*) ressemble à une roulade. Tu peux t'exercer en roulant par-dessus un partenaire.

1. Pour exécuter une chute roulée et sautée, plie d'abord les genoux et penche-toi vers l'avant. Garde les mains ouvertes.

2. Lorsque tu tombes vers l'avant, roule sur une épaule. Assure-toi de garder le menton bien rentré pendant que tu roules.

3. À la fin de ta roulade, frappe le sol avec le bras pour arrêter le mouvement de rotation.

Les projections 柔道

Le judo compte environ cinquante projections. Chacune est conçue pour envoyer rapidement un adversaire au sol. Les trois principaux types de projections sont les techniques de mains et de bras (*te-waza*), les techniques de hanches (*koshi-waza*) et les techniques de jambes (*ashi-waza*). La personne qui exécute la projection est appelée le « *tori* ». La personne projetée est nommée l'« *uke* ».

Déséquilibre et équilibre

Pour réussir une projection, tu dois faire deux choses. D'abord, tu dois déséquilibrer ton adversaire. Cette technique est appelée « *kuzushi* ». Ensuite, ton corps doit se trouver en bonne posture pour demeurer en équilibre pendant la projection. Cette technique est nommée « *tsukuri* ». Lorsque tu apprendras les diverses projections, concentre-toi sur ces deux techniques. Plus tu deviendras habile à garder ton équilibre tout en déséquilibrant ton adversaire, plus la qualité de tes projections s'améliorera.

Utiliser la force

Une bonne projection ne repose pas sur la force, mais sur l'habileté. Au moment où ton adversaire bondit en avant pour t'attaquer, utilise la force de son mouvement pour l'envoyer au sol. Sur la photo, le *tori* utilise la force de son adversaire pour déséquilibrer et projeter l'*uke*. Avec l'entraînement, tu apprendras à projeter des adversaires de façon sécuritaire, même ceux qui sont plus grands et plus forts que toi.

Le grand renversement du corps

Le grand renversement du corps (*tai-otoshi*) est l'une des premières techniques de mains et de bras à apprendre.

1. Pour exécuter un grand renversement du corps, saisis ton adversaire par le col et la manche, et pousse-le vers l'arrière. L'uke poussera vers l'avant pour résister. Tire-le rapidement vers toi. Tourne-toi vers la gauche et sors la jambe droite.

2. Fais basculer ton adversaire par-dessus ta jambe droite et envoie-le au sol. Tu peux aussi te tourner vers la droite et projeter l'uke par-dessus ta jambe gauche.

La grande bascule de hanche

La grande bascule de hanche (*o-goshi*) est une projection souvent utilisée par les débutants. Ce mouvement te montrera l'importance d'une prise solide. Pour commencer, tiens-toi devant ton adversaire.

1. Saisis la manche droite de l'uke en croisant rapidement ton pied droit devant toi. Ce mouvement te fera tourner sur toi-même. Tu te retrouveras dos à ton adversaire.

2. Plie les genoux. Au même moment, balaie ta main droite derrière le dos de l'uke et saisis son judogi à la taille. Puis tends les jambes, penche-toi vers l'avant et projette l'uke au sol par-dessus ta hanche.

Les balayages et les fauchages

Dans les techniques de jambes, tu utilises tes jambes pour faire trébucher ton adversaire. Il en existe deux types : les balayages et les fauchages. Les balayages sont des mouvements des jambes vers l'avant, et les fauchages, des mouvements vers l'arrière. Les deux types de techniques peuvent déséquilibrer ton adversaire. Tu dois alors utiliser une prise solide pour le projeter au sol. Le plus grand défi dans l'exécution des techniques de jambes consiste à éviter de donner un coup de pied à ton adversaire. Au judo, les coups de pied sont des fautes, des mouvements interdits. Il est également interdit d'enrouler ta jambe autour de celle de ton adversaire. Ton balayage ou ton fauchage doit être régulier et fluide.

Le balayage du pied avancé

Le balayage du pied avancé (*de-ashi-baraï*) est une technique de jambes couramment utilisée au judo. Son mouvement est semblable au mouvement « tirer-pousser » employé dans le grand renversement du corps présenté à la page 17.

*1. Pour exécuter un balayage du pied avancé, saisis l'*uke *(portant ici la ceinture orange) par le col et la manche. Repousse-le, puis fais un pas en arrière.*

*2. Au moment où l'*uke *s'avance pour te suivre, balaie fermement son pied gauche avec ton pied droit.*

*3. Utilise ta prise pour déséquilibrer encore plus l'*uke *et l'entraîner au sol.*

Le grand fauchage intérieur

Tiens solidement le col de ton adversaire pour exécuter le grand fauchage intérieur (*o-uchi-gari*).

*1. Pour un grand fauchage intérieur avec ta jambe droite, saisis l'*uke *(portant ici le judogi blanc uni) par le col et la manche.*

*2. Balance-le vers la droite. Glisse rapidement la jambe droite entre les jambes de l'*uke *et fauche sa jambe gauche. Au même moment, tire le col de son judogi vers le bas.*

3. Ton adversaire perdra l'équilibre et basculera vers l'arrière sur le tapis.

Le travail au sol 柔道

Une fois que tu as réussi à envoyer ton adversaire au tapis, c'est le temps du travail au sol (*ne-waza*). Le travail au sol est composé des mouvements de lutte sur le tatami. Ton but consiste à maîtriser ton adversaire et à l'empêcher de se relever. La meilleure façon de garder le contrôle est d'utiliser des immobilisations. Lorsque tu les exécutes, place-toi de façon à utiliser le poids de ton corps pour emprisonner ton adversaire. Même les judokas très forts éprouvent des difficultés à s'échapper d'une immobilisation bien exécutée. En compétition, tu gagnes le combat lorsque tu réussis à clouer ton adversaire au sol pendant vingt-cinq secondes.

Le contrôle latéro-costal

Le contrôle latéro-costal (*kesa-gatame*) est l'une des premières immobilisations que les judokas apprennent. C'est un mouvement parfait lorsque tu viens de projeter ton adversaire sur le dos.

*Couche-toi sur l'épaule ou la poitrine de l'*uke*. Place une main sous son cou. De l'autre main, saisis le coude de l'*uke*. Serre son bras sous ton aisselle en te pliant pour emprisonner ton adversaire. Étends les jambes et écarte-les bien pour conserver ton équilibre.*

Le contrôle des quatre points à cheval

Lorsque tu exécutes le contrôle des quatre points à cheval (*tate-shiho-gatame*), tu utilises tout le poids de ton corps pour clouer ton adversaire au tapis.

*Assieds-toi sur la poitrine de l'*uke *et place tes bras autour des siens. Mets tes genoux de part et d'autre de la taille de l'*uke*, tes orteils pointant vers l'extérieur. Si ton adversaire lutte pour se libérer, cloue ses bras au sol au-dessus de sa tête. Penche-toi vers l'avant en appliquant une pression pour maintenir ta prise et empêcher l'*uke *de se retourner sur le ventre.*

Bien emprisonné 柔道

Lorsqu'ils deviennent plus habiles, les judokas réussissent souvent à se libérer d'une immobilisation. Leurs adversaires doivent donc utiliser des techniques encore plus difficiles à contrer pour les maîtriser. C'est ce qu'on appelle des « clés de bras » (*kansetsu-waza*). Elles sont aussi appelées « techniques d'attaque des points vitaux » parce qu'elles sont utilisées sur des parties stratégiques du corps. La plupart des clés de bras sont exécutées sur les bras, les jambes ou le cou de l'adversaire. Elles permettent à un judoka de contrôler son adversaire. Même un judoka très habile ne peut s'échapper d'une clé de bras bien exécutée. Toutefois, un tel mouvement ne devrait jamais blesser ton adversaire. Les clés de bras peuvent être très dangereuses et doivent être effectuées avec soin pour éviter les blessures. C'est pourquoi seuls les judokas de catégorie senior ont le droit de les exécuter.

*La judoka en bleu effectue un contrôle en croix (*ude-hishigi-juji-gatame*) sur son adversaire.*

J'abandonne !

La soumission, ou l'acte d'abandon, est une composante essentielle du judo. Pendant un combat, tu te soumets à ton adversaire en faisant un geste de soumission. Pour cela, frappe deux fois ton adversaire ou le tatami avec la paume de la main. Ton adversaire doit alors immédiatement relâcher son mouvement. Obéir au geste de soumission permet à tous de pratiquer le judo de façon sécuritaire.

*L'*uke*, qui porte le judogi blanc, ne peut s'échapper de la clé de bras de son adversaire et fait le geste de soumission pour signifier son abandon. Bien d'autres règles protègent les judokas des blessures. Demande à ton* sensei *de te parler des mouvements qui sont interdits, pour que tu puisses pratiquer le judo en toute sécurité.*

Résoudre les problèmes 柔道

Devant un adversaire, tu dois réagir rapidement. Sinon tu risques de te retrouver cloué au tapis.

Pendant chaque cours de judo, une période de temps est consacrée au *randori*. Le *randori* est une période d'entraînement pendant laquelle les judokas se placent deux par deux pour améliorer leurs habiletés. Chacun exécute les projections, les immobilisations et les clés de bras, en les combinant pour tenter de maîtriser son adversaire.

Pense vite !

Ton adversaire ne te facilitera pas la tâche. Par exemple, il se peut que ta première tentative de projection échoue. Lorsque cela se produit, tu dois rapidement modifier ton attaque pour surprendre ton adversaire. Plus tu connais de mouvements, plus il te sera facile de le maîtriser. Pendant le *randori*, essaie le plus grand nombre de nouveaux mouvements possible. Tu apprendras rapidement lesquels tu réussis le mieux et quelles habiletés tu dois encore améliorer.

Pour le randori*, les judokas sont habituellement jumelés avec des personnes de force, de taille et de niveau semblables.*

En souplesse

Une **combinaison** (*renraku-waza*) est une suite de mouvements qui sont plus efficaces lorsqu'on les exécute ensemble. Le plus important, dans toute combinaison, c'est de se déplacer avec souplesse et grâce. Ne te laisse pas emporter par la frustration lorsque tu t'entraînes à combiner les mouvements. Seuls l'entraînement et l'étude peuvent t'aider à améliorer ta capacité à prendre des décisions lorsque tu fais face à un adversaire. Si tu es patient et si tu travailles fort, tu te surprendras bientôt à exécuter de façon naturelle des combinaisons rapides. Les mouvements illustrés ici forment une combinaison simple pour débutants.

1. Le tori *en bleu tente d'exécuter un grand fauchage extérieur (*o-soto-gari*), essayant de faucher la jambe de l'*uke*. Toutefois, son adversaire garde l'équilibre. L'*uke *résiste et se tient solidement.*

2. Pour déséquilibrer son adversaire, le tori *utilise une hanche fauchée (*harai-goshi*). De cette façon, le* tori *peut facilement envoyer l'*uke *au tapis.*

Faire tourner le vent 柔道

Au judo, tout réside dans l'utilisation de la force de ton adversaire contre lui-même. Les contre-prises (*kaeshi-waza*) servent exactement à cela. Une contre-prise brise l'attaque de ton adversaire et te place en position d'offensive. Si tu penses vite, tu peux prendre le contrôle en réagissant à une attaque faible par une contre-prise. Par exemple, en tentant une attaque avec un balayage du pied, il se peut que ton adversaire se retrouve légèrement en déséquilibre. Son pied se déplace vivement dans une direction. Si tu peux accrocher ce pied et le balayer encore plus loin dans la même direction, tu feras pivoter ton adversaire. Tu auras alors repris le contrôle et pourras commencer à attaquer.

1. Le judoka en blanc essaie de balayer le pied droit de son adversaire. La judoka en bleu contre le mouvement. Elle pivote rapidement vers la droite et saisit fermement le judogi de son adversaire.

*2. La judoka en bleu projette sa hanche sur son adversaire et exécute une rapide projection de hanche. Son adversaire se retrouvera bientôt couché au tapis. Au judo, il suffit parfois d'un instant pour que l'*uke *devienne le* tori*.*

Je t'ai eu!

Une technique de projection en sacrifice n'est pas une contre-prise, mais elle a un effet semblable. Ce mouvement fait croire à ton adversaire que tu es en déséquilibre, alors que tu es plutôt en train d'amener ton adversaire dans une projection. Une projection en sacrifice est risquée. Si tu l'exécutes trop lentement ou contre un adversaire très habile, tu te retrouveras rapidement sur le dos, susceptible d'être immobilisé. Exerce-toi à utiliser cette technique pendant le *randori* ; cela te permettra de bâtir ta confiance.

La projection en cercle peut être une technique efficace de projection en sacrifice. Couche-toi sur le dos, en tenant le col de ton adversaire. Place ton pied sur son estomac et fais-le pivoter par-dessus ton corps.

Les trucs du *sensei*

Si tu éprouves de la frustration quand tu essaies d'apprendre les contre-prises et les projections en sacrifice, demande à ton *sensei* de t'aider. Celui-ci corrigera tes techniques et te suggérera des façons d'améliorer ta performance. À gauche, le *sensei* conseille ses élèves pendant le *randori*.

Les katas – le corps et l'esprit

Maître Kano était d'avis que le judo ne devait pas se centrer uniquement sur les combats. Il a conçu des katas, ou formes, pour créer un équilibre parfait entre le corps et l'esprit. Les katas présentent le côté artistique du judo. Chaque kata est composé d'une série de mouvements du corps, exécutés selon un schéma précis. Certains katas incluent des projections ou des immobilisations ; d'autres simulent des mouvements d'autodéfense. D'autres encore sont conçus pour représenter les planètes ou les forces de la nature.

Concentration et répétition

Les katas sont importants pour deux raisons. D'abord, ces exercices favorisent la concentration. De plus, répéter chaque mouvement rend ton corps plus fort et plus souple. Exécuter les katas entraîne ton esprit et ton corps à faire des mouvements rapides et précis. Un judoka qui exécute bien les katas obtient du succès en compétition.

Plusieurs katas sont exécutés en paires.

Moins vite!

Les katas sont exécutés lentement et avec maîtrise. Si un judoka tente de faire les mouvements trop rapidement, le kata est peu soigné. D'abord, il est important de bien apprendre les mouvements. Avec le temps, tu pourras augmenter la vitesse et la force du kata. Ces mouvements peuvent sembler faciles, mais il faut des années pour les maîtriser parfaitement.

Sept katas

Tu auras sept katas à apprendre. La plupart sont conçus pour améliorer la force musculaire, l'équilibre et la flexibilité des judokas. Certains katas, comme *Ju-No-Kata* ou « formes de souplesse », peuvent être exécutés en solo. D'autres, comme *Nage-No-Kata* ou « formes de projection », le sont avec un partenaire. En plus d'exécuter les katas gracieusement, les judokas se défient mutuellement en modifiant leurs formes d'attaque ou de défense pendant le kata.

Le *Nage-No-Kata*

La plupart des katas sont divisés en séries de mouvements. *Nage-No-Kata* en contient cinq. Chaque série est composée de trois projections, exécutées à droite et à gauche. Ces illustrations présentent les premières séries de mouvements de *Nage-No-Kata*. On les appelle les « techniques de mains » (*te-waza*).

Le renversement flotté (*uki-otoshi*)

La projection d'épaule (*seoi-nage*)

La roue autour de l'épaule (*kata-guruma*)

Les compétitions de judo 柔道

Lorsque tu seras prêt, ton *sensei* t'invitera peut-être à participer à une compétition. Certaines compétitions mettent l'accent sur les katas, mais la plupart se concentrent sur les combats. Les judokas s'affrontent sur un tapis carré de huit mètres de côté. Une zone de danger fait partie de la zone de combat. Si un compétiteur traverse la bordure extérieure de la zone de danger, il est **hors limite**. Le tapis continue au-delà de la zone de danger pour assurer la sécurité des compétiteurs. Deux juges comptent les points pendant le combat, et un arbitre s'assure que les compétiteurs respectent les règles. Selon les groupes d'âge, certains mouvements pourraient être interdits. Pendant un combat, on pourrait te demander de porter une ceinture de couleur différente de celle de ton adversaire ou même un judogi bleu. Cela permet aux juges de vous distinguer, ton adversaire et toi.

Les combats de judo sont plus ou moins longs, selon l'âge des compétiteurs. Ils peuvent durer de deux minutes pour les plus jeunes à cinq minutes pour les judokas seniors. Les chronométreurs sont chargés de mesurer la durée du combat et de chaque immobilisation.

Quel est le score ?

Les juges utilisent un système de pointage pour déterminer le gagnant d'un combat. La façon la plus simple de remporter un combat consiste à marquer un *ippon*. Tu peux le faire en immobilisant ton adversaire au sol pendant 25 secondes, en le forçant à abandonner par une clé de bras ou, par une puissante projection, en l'envoyant au sol sur le dos. Voici les autres catégories de points.

waza-ari – Une immobilisation de 20 à 24 secondes ou une projection qui envoie l'adversaire au sol presque entièrement sur le dos.

yuko – Une immobilisation de 15 à 19 secondes ou une projection qui envoie l'adversaire au sol sur le côté.

koka – Une immobilisation de 10 à 14 secondes ou une projection qui envoie l'adversaire au sol sur les fesses ou les cuisses.

points de pénalité – Des points peuvent être déduits si l'arbitre ou l'un des juges aperçoit un mouvement illégal comme un coup de pied.

Les compétitions mettent à l'épreuve ton habileté à utiliser des combinaisons de mouvements et des contre-prises pour surprendre l'adversaire.

Fais le compte !

Un compétiteur gagne immédiatement le combat s'il marque un *ippon*. Si aucun *ippon* n'est marqué avant la fin du combat, les juges additionnent les points obtenus par chaque compétiteur. Un *waza-ari* vaut plus qu'un *yuko*, et un *yuko*, plus qu'un *koka*. Même si un compétiteur a marqué plusieurs *koka*, son adversaire remporterait le combat avec un seul *yuko*, qui est de catégorie plus élevée. Au judo, les catégories plus élevées l'emportent toujours sur les catégories inférieures.

Un arbitre fait des gestes de la main pour contrôler le combat et accorder des points aux compétiteurs.

Glossaire

adversaire Personne contre qui un judoka lutte lors d'un entraînement ou d'un combat

combat Lutte entre deux adversaires

compétition Concours organisé entre plusieurs personnes qui essaient de gagner en défaisant les autres participants

coutume Façon traditionnelle de se comporter, acceptée par un groupe de personnes

discipline Entraînement qui permet de développer des habiletés et un comportement approprié

flexible Capable de plier facilement son corps

hors limite Zone située à l'extérieur de la surface de compétition dans un combat de judo

hydrater Conserver la bonne quantité d'eau dans son corps

judoka senior Adepte du judo âgé de seize ans ou plus

méditation Exercice qui vise à te calmer ou à te concentrer

samouraï Au Moyen-Âge, combattant qui appartenait à une puissante classe militaire au Japon

série Groupe d'exercices; par exemple, dix extensions des bras constituent une série

technique Méthode ou façon d'exécuter un mouvement de judo

Index